AF186885

l'école - lekol	2
le voyage - vwayaz	5
le transport - transpor	8
la ville - lavil	10
le paysage - peizaz	14
le restaurant - restoran	17
le supermarché - sipermarse	20
les boissons - labwason	22
l'alimentation - manze	23
la ferme - laferm	27
la maison - lakaz	31
le salon - salon	33
la cuisine - lakwizinn	35
la salle de bain - saldebin	38
la chambre d'enfant - lasam zanfan	42
les vêtements - linz	44
le bureau - biro	49
l'économie - lekonomi	51
les professions - travay	53
les outils - zouti	56
les instruments de musique - instriman lamizik	57
le zoo - zoo	59
les sports - spor	62
les activités - aktivite	63
la famille - fami	67
le corps - lekor	68
l'hôpital - lopital	72
l'urgence - irzans	76
la terre - later	77
...heure(s) - orloz	79
la semaine - lasemenn	80
l'année - lane	81
les formes - form	83
les couleurs - bann kouler	84
les oppositions - opozision	85
les nombres - nimero	88
les langues - bann langaz	90
qui / quoi / comment - kisana / kiete / kouma	91
où - kotsa	92

Impressum
Verlag: BABADADA GmbH, Nedderfeld 112 , 22529 Hamburg
Geschäftsführer / Verlagsleitung: Harald Hof
Druck: Books on Demand GmbH, In de Tarpen 42, 22848 Norderstedt

Imprint
Publisher: BABADADA GmbH, Nedderfeld 112 , 22529 Hamburg, Germany
Managing Director / Publishing direction: Harald Hof
Print: Books on Demand GmbH, In de Tarpen 42, 22848 Norderstedt

l'école
lekol

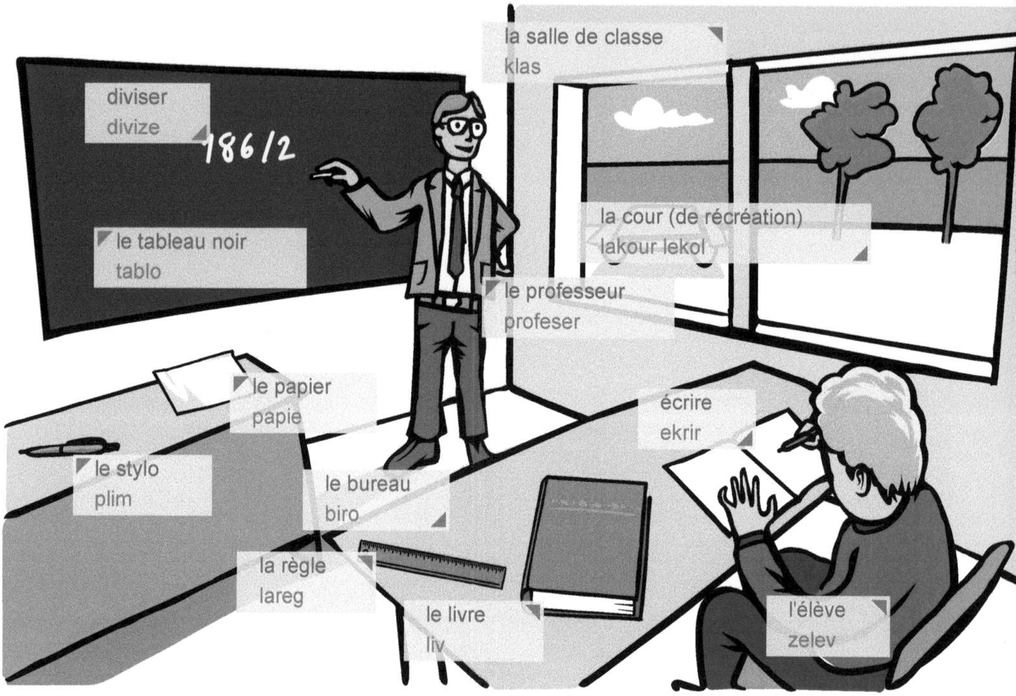

la salle de classe
klas
diviser
divize
186/2
le tableau noir
tablo
la cour (de récréation)
lakour lekol
le professeur
profeser
le papier
papie
écrire
ekrir
le stylo
plim
le bureau
biro
la règle
lareg
le livre
liv
l'élève
zelev

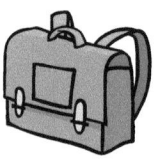

le cartable
sak lekol

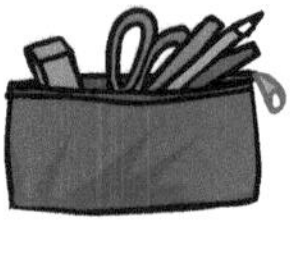

la trousse
plimie

le crayon
kreyon

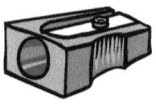

le taille-crayon
egizwar

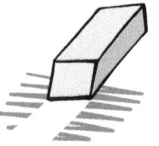

la gomme
gom

le carnet à dessin
kaye desin

le dessin

desin

le pinceau

pinso

la boîte de peinture

bwat lapintir

les ciseaux

sizo

la colle

lakol

le cahier d'exercices

kaye devwar

les devoirs

devwar

le chiffre

nimero

additionner

azoute

soustraire

retire

multiplier

miltipliye

calculer

kalkile

la lettre

let

l'alphabet

alfabet

le mot

mo

le texte

text

lire

lir

la craie

lakre

la leçon

leson

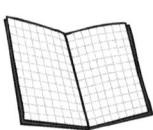

le livre de classe

rezis

l'examen

lexame

le certificat

sertifika

l'uniforme scolaire

iniform lekol

la formation

ledikasion

le lexique

lansiklopedi

l'université

liniversite

le microscope

mikroskop

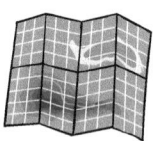

la carte

map

la corbeille à papier

poubel

le voyage
vwayaz

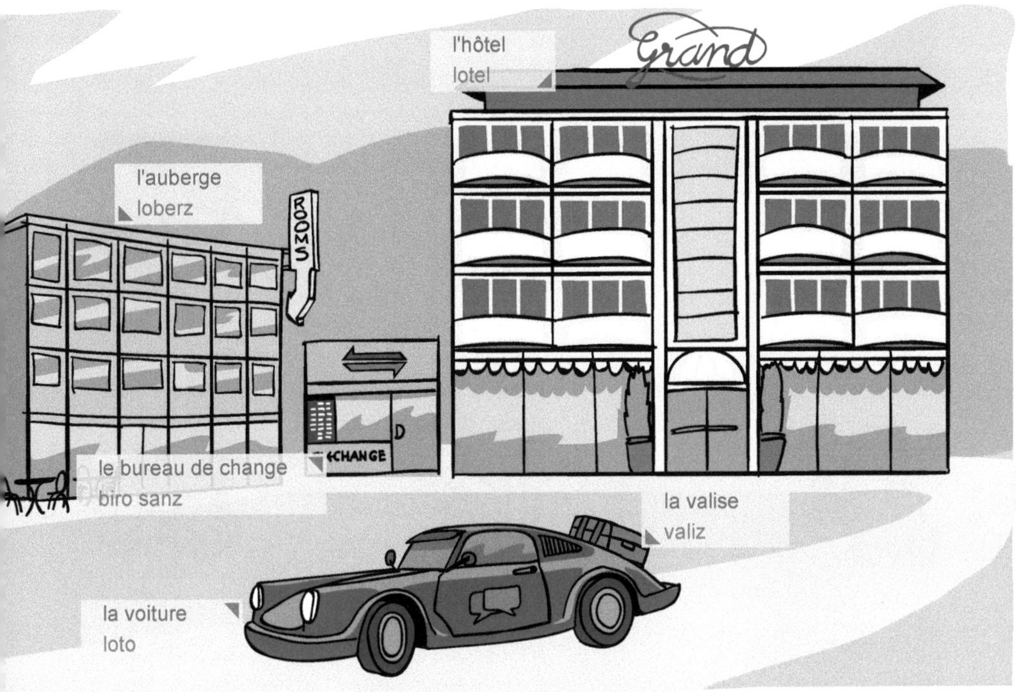
l'hôtel
lotel
Grand
l'auberge
loberz
ROOMS
le bureau de change
biro sanz
CHANGE
la valise
valiz
la voiture
loto

la langue

langaz

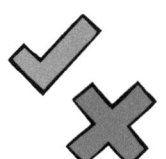

oui / non

wi / non

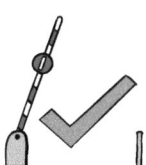

d'accord

okay

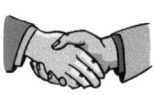

Salut

Alo

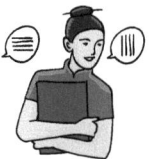

l'interprète

tradikter

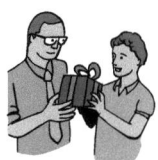

merci

Mersi

Combien coûte...?

komie sa..?

Je ne comprends pas

Mo pa pe konpran

le problème

problem

Bonsoir !

Bonswar!

Bonjour !

Bonzour!

Bonne nuit !

Bonn nwi!

Au revoir

o-revwar

la direction

direksion

les bagages

bagaz

le sac

sak

le sac-à-dos

sak-a-do

l'hôte

ot

la pièce

pies

le sac de couchage

sak kousaz

la tente

latant

l'office de tourisme

lofis tourism

la plage

laplaz

la carte de crédit

kart kredi

le petit-déjeuner

ti-dezene

le déjeuner

dezene

le dîner

dine

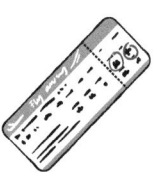

le billet

biye

l'ascenseur

lasanser

le timbre

tem

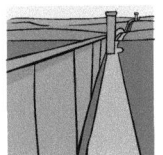

la frontière

frontier

la douane

ladwann

l'ambassade

lanbasad

le visa

viza

le passeport

paspor

le transport

transpor

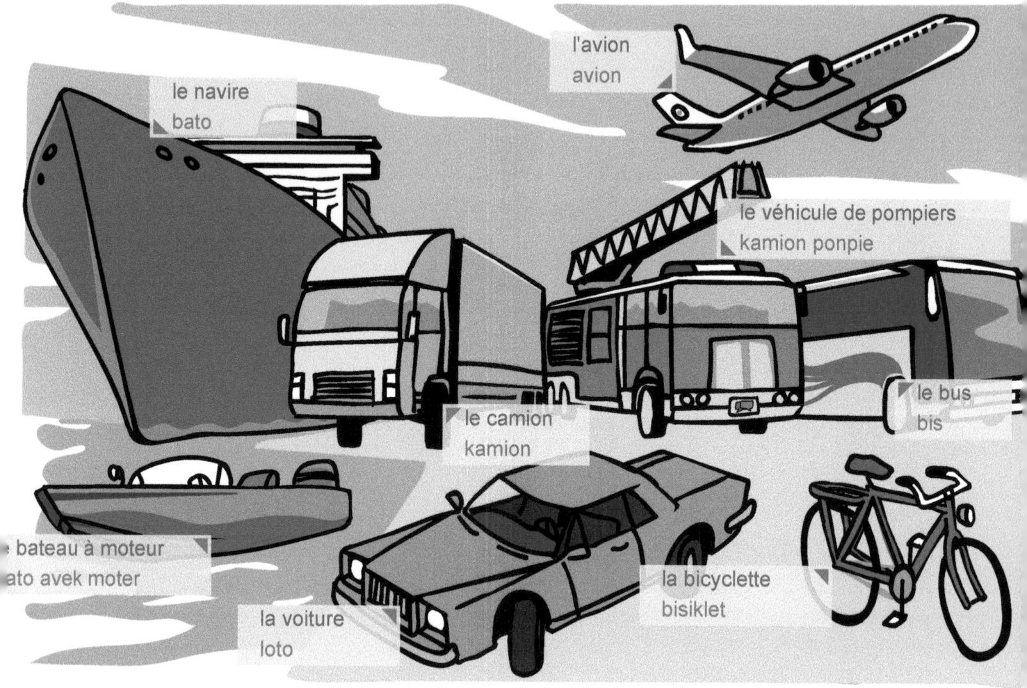

l'avion
avion
le navire
bato
le véhicule de pompiers
kamion ponpie
le camion
kamion
le bus
bis
bateau à moteur
ato avek moter
la bicyclette
bisiklet
la voiture
loto

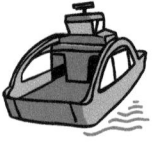

le ferry

feri

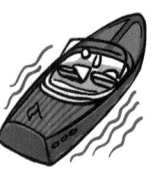

la barque

bato

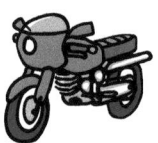

la moto

motosiklet

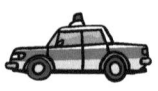

la voiture de police

loto lapolis

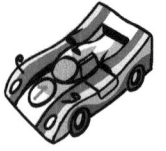

la voiture de course

loto lekours

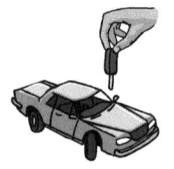

la voiture de location

loto lokasion

l'auto-partage

ko-vwatiraz

la voiture de remorquage

kamion towing

la benne à ordures

kamion salte

le moteur

moter

l'essence

lesans

la station d'essence

filing

le panneau indicateur

pano indikasion

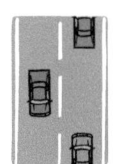

le trafic

trafik

l'embouteillage

anbouteyaz

le parking

parking

la gare

stasion trin

les rails

ray

le train

trin

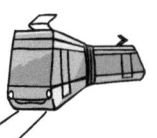

le tramway

tram

le wagon

vagon

l'hélicoptère

elikopter

l'aéroport

aeropor

la tour

towing

le passager

pasaze

le conteneur

kontener

le carton

karton

le chariot

sario

la corbeille

panie

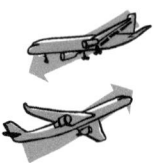

décoller / atterrir

dekole / aterir

la ville

lavil

le village

vilaz

le centre-ville

sant-vil

la maison

lakaz

le cinéma
sinema

la publicité
pibliste

le réverbère
lalamp sime

CINEMA

la rue
sime

le taxi
taxi

le kiosque
kiosk

le piéton
pieton

le trottoir
trotwar

le passage piéton
pasaz pieton

la poubelle
poubel

le carrefour
lakrwaze

les feux de circulation
robo

la cabane

kabann

l'appartement

flat

la gare

stasion trin

la mairie

minisipalite

le musée

mize

l'école

lekol

la ville - lavil

l'université

liniversite

la banque

labank

l'hôpital

lopital

l'hôtel

lotel

la pharmacie

farmasi

le bureau

biro

la librairie

libreri

le magasin

magazin

le fleuriste

fleris

le supermarché

sipermarse

le marché

bazar

le grand magasin

gran magazin

la poissonnerie

pwasonnri

le centre commercial

sant komersial

le port

lepor

le parc

park

la banque

labank

le pont

pon

les escaliers

leskalie

le métro

metro

le tunnel

tinel

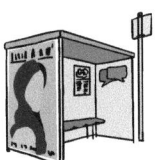

l'arrêt de bus

bistop

le bar

bar

le restaurant

restoran

la boîte à lettres

bwat-a-let

le panneau indicateur

pano

le parcmètre

parkmet

le zoo

zoo

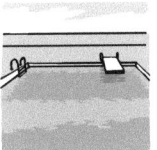

le réverbère

pisinn

la mosquée

moske

la ferme

laferm

la pollution

polision

la cimetière

simitier

l'église

legliz

l'aire de jeux

lespas pou zwe

le temple

tanp

le paysage

peizaz

la feuille
fey

le panneau indicateur
pano indikasion

le chemin
sime

le pré
preri

la pierre
ros

l'arbre
pie

le randonneur
randonner

la rivière
larivier

l'herbe
lerb

la fleur
fler

la vallée

lavale

la montagne

kolinn

le lac

lak

la forêt

bwa

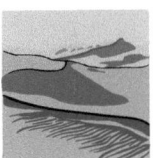

le désert

dezer

le volcan

volkan

le château

sato

l'arc-en-ciel

larkansiel

le champignon

sanpinion

le palmier

palmie

le moustique

moutik

la mouche

mous

les fourmis

fourmi

l'abeille

abey

l'araignée

zarenie

le coléoptère

koksinel

la grenouille

grenouy

l'écureuil

ekirey

le hérisson

erison

le lièvre

lapin

la chouette

ibou

l'oiseau

zwazo

le cygne

sign

le sanglier

sangliye

le cerf

serf

l'élan

elan

le barrage

dam

l'éolienne

eolienn

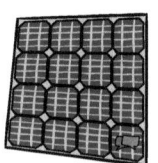

le panneau solaire

pano soler

le climat

klima

le restaurant
restoran

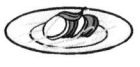

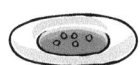

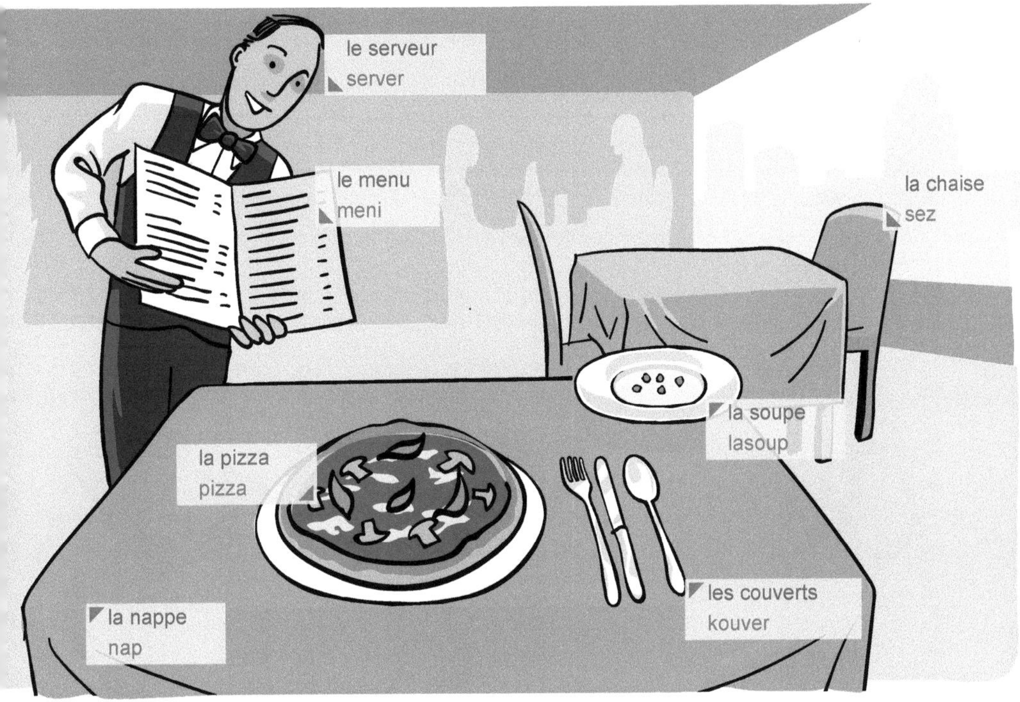
le serveur
server
le menu
meni
la chaise
sez
la soupe
lasoup
la pizza
pizza
les couverts
kouver
la nappe
nap

les hors d'œuvre

lantre

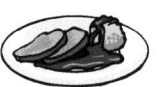

le plat principal

pla prinsipal

le dessert

deser

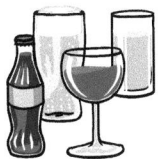

les boissons

labwason

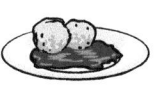

l'alimentation

manze

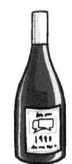

la bouteille

boutey

le fast-food

fast food

les plats à emporter

take-away

la théière

teyer

le sucrier

po disik

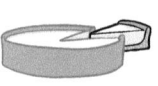

la portion

porsion

la machine à expresso

masinn expresso

la chaise haute

sez-ot

la facture

bill

le plateau

plato

le couteau

kouto

la fourchette

fourset

la cuillère

kwiyer

la cuillère à thé

ti-kwiyer

la serviette

serviet

le verre

ver

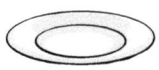

l'assiette

lasiet

l'assiette à soupe

lasiet

la soucoupe

soukoup

la sauce

lasos

la salière

po disel

le moulin à poivre

moulin dipwav

le vinaigre

vineg

l'huile

delwil

les épices

zepis

le ketchup

ketchup

la moutarde

lamoutard

la mayonnaise

mayonez

le supermarché
sipermarse

l'offre promotionnelle
promosion
FOR
le client
klian
les produits laitiers
prodwi a baz dile
les fruits
frwi
le chariot
trole

BUTCHERS

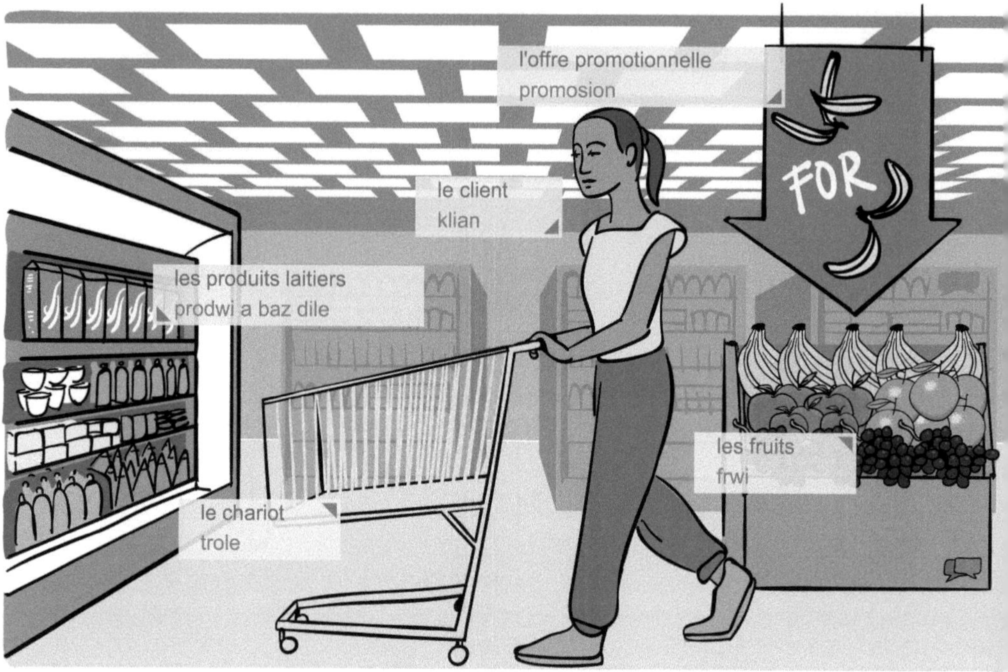

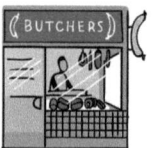

la boucherie

bousri

BAKERY

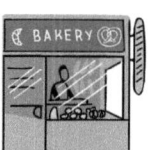

la boulangerie

boulanzri

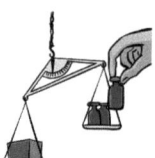

peser

peze

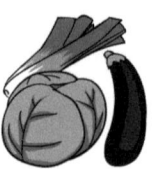

les légumes

legim

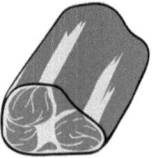

la viande

laviann

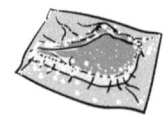

les aliments surgelés

aliman konzele

la charcuterie

sarkitri

les conserves

bwat konserv

la poudre à lessive

lapoud masinn

les bonbons

bonbon

les articles ménagers

komision

les détergents

deterzan

la vendeuse

vandez

la caisse

lakes

le caissier

kesie

la liste d'achats

lalis komision

les heures d'ouverture

ouvertir

le portefeuille

portfey

la carte de crédit

kart kredi

le sac

sak

le sac en plastique

sak plastik

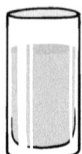

l'eau

delo

le jus de fruit

zi

le lait

dile

le coca

coca

le vin

divin

la bière

labier

l'alcool

lalkol

le chocolat chaud

sokola so

le thé

dite

le café

kafe

l'expresso

expresso

le cappuccino

cappuccino

la banane

banann

la pomme

pom

l'orange

zoranz

le melon

melon

le citron.

sitron

la carotte

karot

l'ail

lay

le bambou

banbou

l'oignon

zwayon

le champignon

sanpiyon

les noisettes

nwazet

les pâtes

minn

les spaghetti

spageti

le riz

diri

la salade

salad

les pommes frites

chips

les pommes de terre rôties

pomdeter frir

la pizza

pizza

le hamburger

burger

le sandwich

sandwich

l'escalope

eskalop

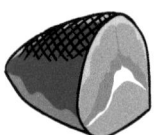

le jambon

zanbon

le salami

salami

la saucisse

sosis

le poulet

poul

le rôti

roti

le poisson

pwason

l'alimentation - manze

les flocons d'avoine

oatmeal

le muesli

muesli

les cornflakes

kornbif

la farine

lafarinn

le croissant

krwasan

les petits-pains

ti-dipin

le pain

dipin

le pain grillé

dipin griye

les biscuits

biskwi

le beurre

diber

le fromage blanc

fromaz blan

le gâteau

gato

l'œuf

dizef

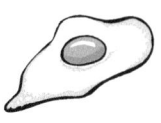

l'œuf au plat

dizef frir

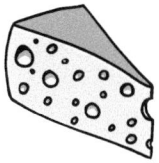

le fromage

fromaz

l'alimentation - manze

la glace

sorbe

le sucre

disik

le miel

dimiel

la confiture

konfitir

la crème nougat

nouga

le curry

kari

la ferme
laferm

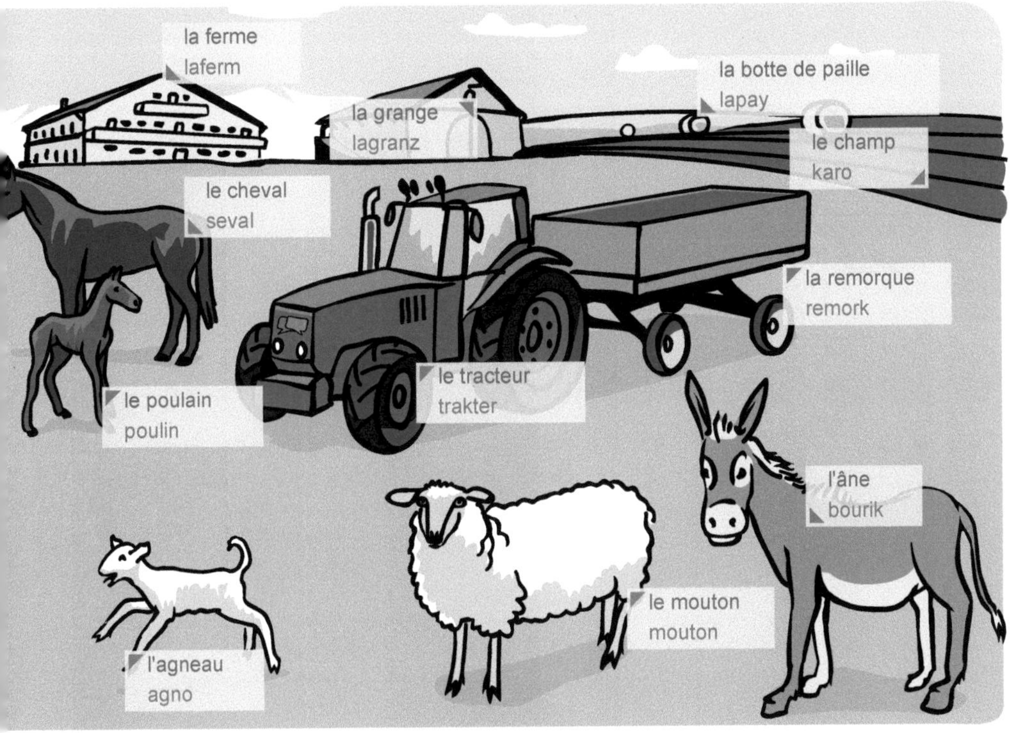
la ferme
laferm
la botte de paille
lapay
la grange
lagranz
le champ
karo
le cheval
seval
la remorque
remork
le tracteur
trakter
le poulain
poulin
l'âne
bourik
le mouton
mouton
l'agneau
agno

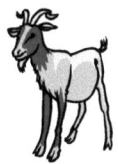

la chèvre

kabri

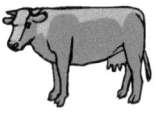

la vache

vas

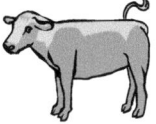

le veau

vo

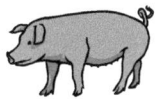

le porc

koson

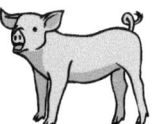

le porcelet

ti-koson

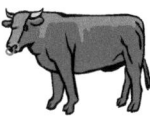

le taureau

toro

l'oie

lezwa

le canard

kanar

le poussin

pousin

la poule

poul

le coq

kok

le rat

lera

le chat

sat

la souris

souri

le bœuf

bef

le chien

lisien

le chenil

lakaz lisien

le tuyau de jardin

tiyo

l'arrosoir

arozwar

la faucheuse

laserp

la charrue

saret

la faucille

fosi

la pioche

pios

la fourche

fours

la hache

lars

la brouette

bouret

la cuve

kiv

le pot à lait

bwat dile

le sac

sak

la clôture

fencing

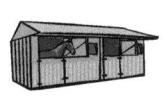

l'étable

letab

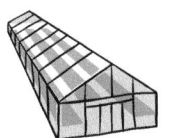

le serre

laser

le sol

later

les semences

lagrin

l'engrais

langre

la moissonneuse-batteuse

masinn pou fer rekolt

récolter

rekolte

la récolte

rekolt

l'igname

ignam

le blé

dible

le soja

soya

la pomme de terre

pomdeter

le maïs

may

le colza

colza

l'arbre fruitier

zarb frwitie

le manioc

maniok

les céréales

sereal

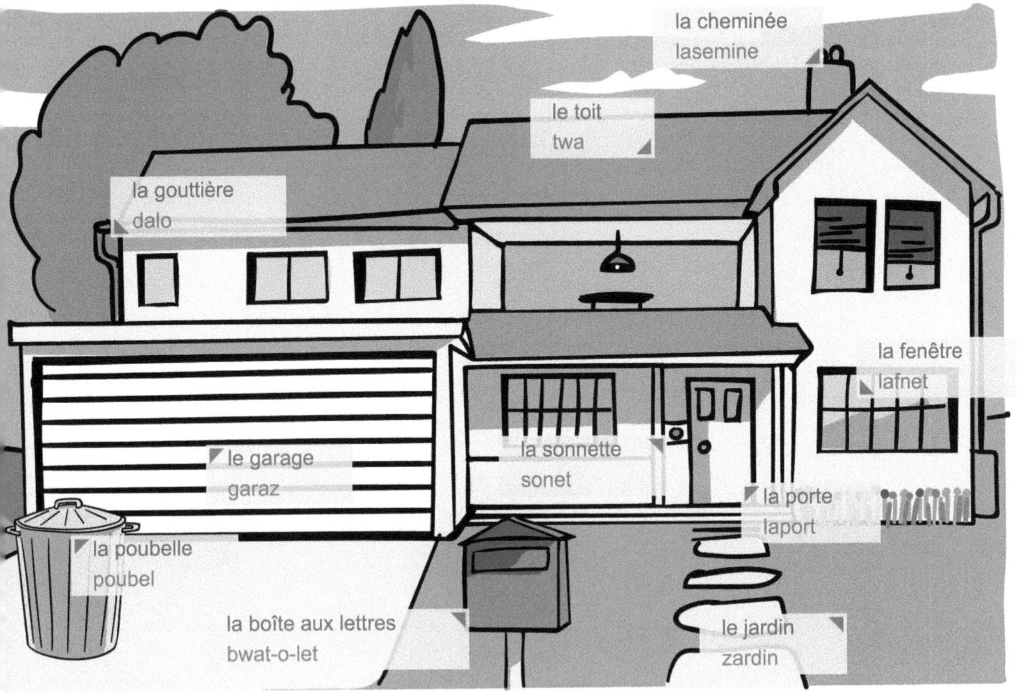

la cheminée
lasemine

le toit
twa

la gouttière
dalo

la fenêtre
lafnet

le garage
garaz

la sonnette
sonet

la porte
laport

la poubelle
poubel

la boîte aux lettres
bwat-o-let

le jardin
zardin

le salon

salon

la salle de bain

saldebin

la cuisine

lakwizinn

la chambre à coucher

lasam

la chambre d'enfant

lasam zanfan

la salle à manger

salamanze

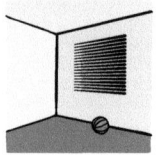

le sol

sali

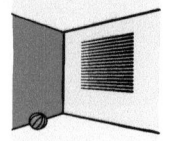

le mur

miray

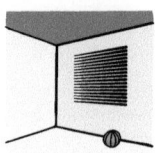

le plafond

plafon

la cave

lakav

le sauna

sona

le balcon

balkon

la terrasse

teras

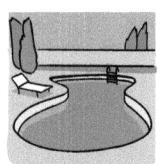

la piscine

pisinn

la tondeuse à gazon

masinn koup gazon

la housse

dra

la couette

kwet

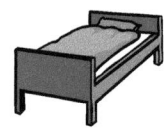

le lit

lili

le balai

balie

le sceau

seo

l'interrupteur

take lalimier

le salon
salon

le papier peint
papie-pin
l'image
foto
la lampe
lalamp
l'étagère
letazer
l'armoire
larmwar
la télé
televizion
la cheminée
lasemine
la fleur
fler
le coussin
kousin
le sofa
sofa
le vase
vaz
la télécommande
rimot-kontrol

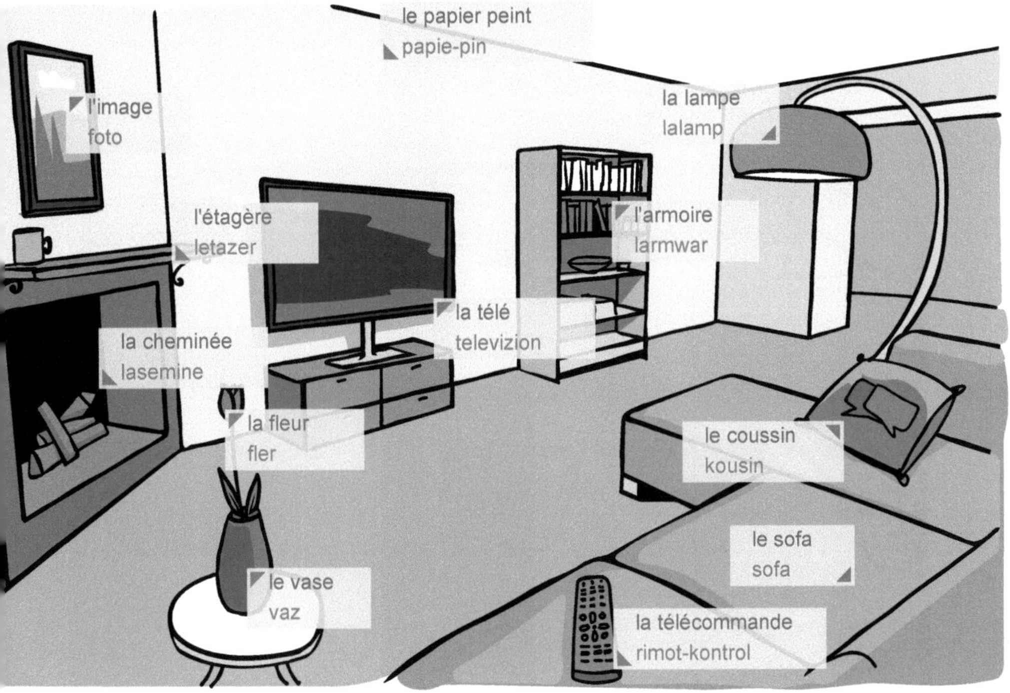

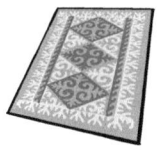

le tapis

tapi

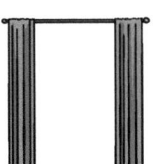

le rideau

rido

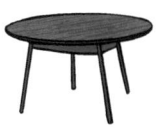

la table

latab

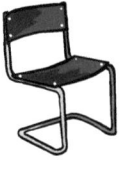

la chaise

sez

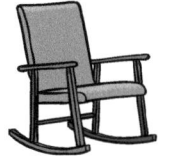

la chaise à bascule

rocking chair

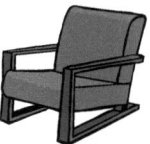

le fauteuil

fotey

le livre

liv

la couverture

kouvertir

la décoration

dekorasion

le bois de chauffage

dibwa foye

le film

fim

la chaîne hi-fi

hi-fi

la clé

lakle

le journal

zournal

la peinture

lapintir

le poster

poster

la radio

radio

le bloc-notes

bloknot

l'aspirateur

laspirater

le cactus

kaktis

la bougie

labouzi

la cuisine
lakwizinn

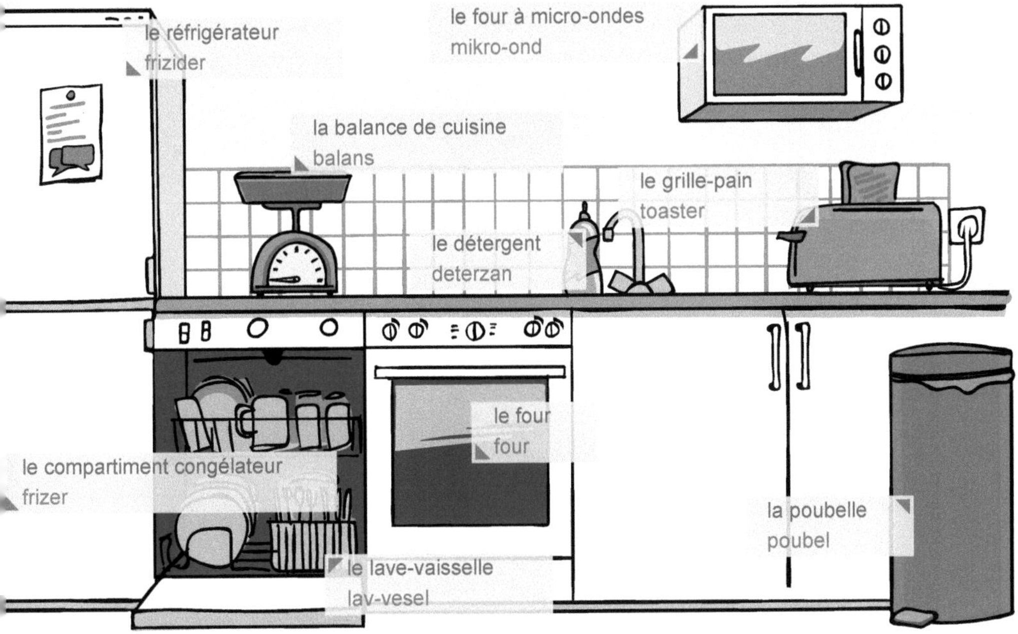
le réfrigérateur
frizider
le four à micro-ondes
mikro-ond
la balance de cuisine
balans
le grille-pain
toaster
le détergent
deterzan
le four
four
le compartiment congélateur
frizer
la poubelle
poubel
le lave-vaisselle
lav-vesel

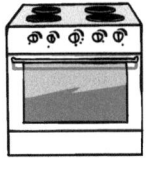

le four
....
four

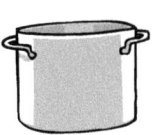

la casserole
....
kasrol

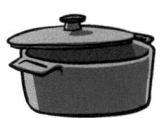

la marmite
....
marmit

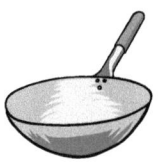

le wok / kadai
....
wok

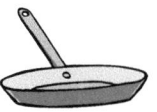

la poêle
....
pwal

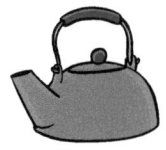

la bouilloire electrique
....
boulwar

le cuiseur vapeur

steamer

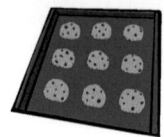

la plaque de cuisson

plak kwison

la vaisselle

vesel

le gobelet

goble

la coupe

bol

les baguettes

baget sinwa

la louche

lous

la spatule

spatil

le fouet

fwet

la passoire

paswar

le tamis

tami

la râpe

larap

le mortier

mortie

le barbecue

griyad

la cheminée

lasemine

la planche à découper

biyo

le rouleau à pâtisserie

roulo

le tire-bouchon

tirbouson

la boîte

bwat konserv

l'ouvre-boîte

ouvbwat

les maniques

legan proteksion

le lavabo

lavabo

la brosse

bros

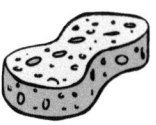

l'éponge

leponz

le mixeur

blender

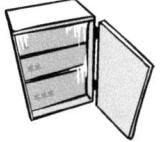

le congélateur

konzelater

le biberon

bibron

le robinet

robine

la salle de bain

saldebin

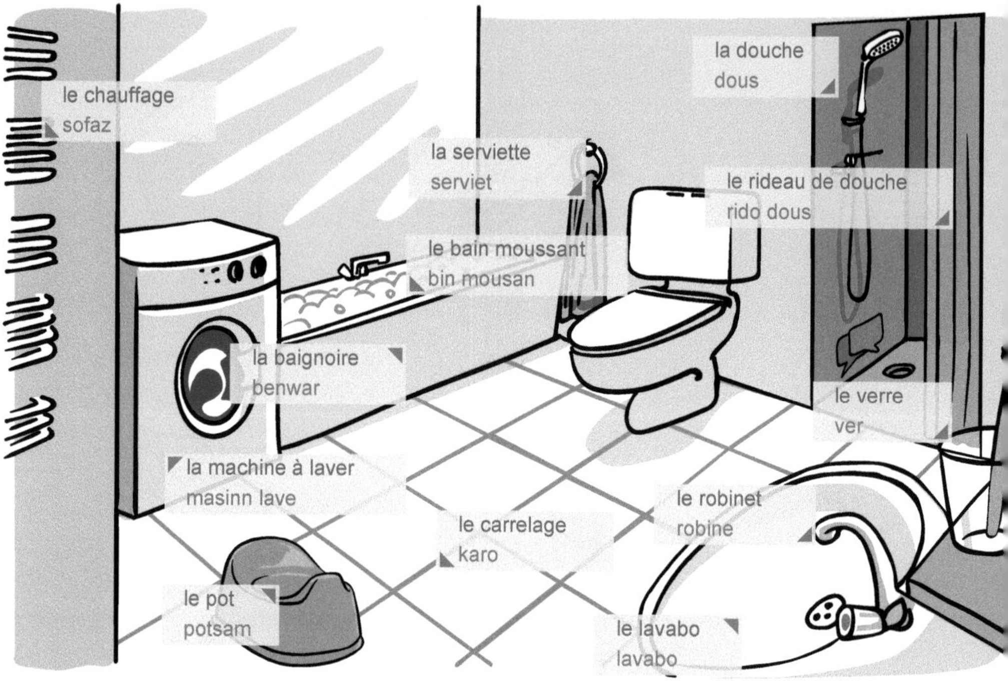

la douche
dous
le chauffage
sofaz
la serviette
serviet
le rideau de douche
rido dous
le bain moussant
bin mousan
la baignoire
benwar
le verre
ver
la machine à laver
masinn lave
le robinet
robine
le carrelage
karo
le pot
potsam
le lavabo
lavabo

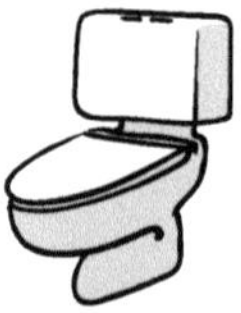

les toilettes

twalet

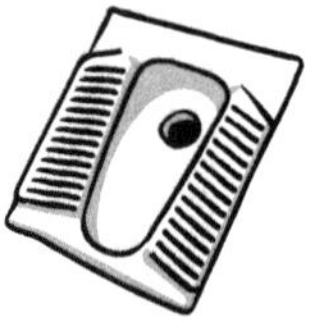

la toilette à la turque

twalet

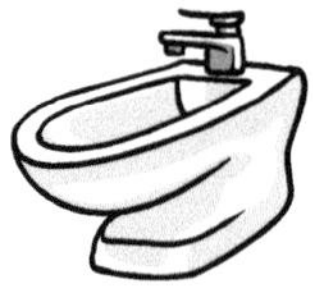

le bidet

bide

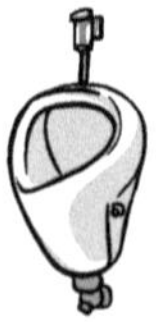

l'urinoir

piswar

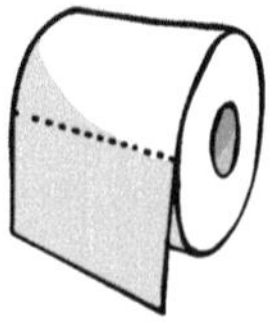

le papier toilette

papie twalet

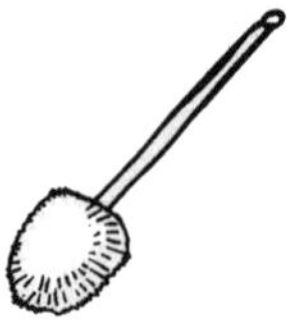

la brosse à toilette

bros twalet

la brosse à dents

bros ledan

le dentifrice

dantifris

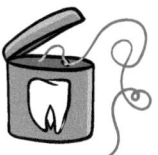

le fil dentaire

fil danter

laver

lave

la douche manuelle

ti-bin

la douche intime

dous

la vasque

basin

la brosse dorsale

bros ledo

le savon

savon

le gel douche

zel dous

le shampooing

sanpwin

le gant de toilette

gandebin

l'écoulement

drin

la crème

lakrem

le déodorant

deodoran

le miroir

mirwar

le miroir cosmétique

mirwar

le rasoir

razwar

la mousse à raser

lamous pou raze

l'après-rasage

apre-razaz

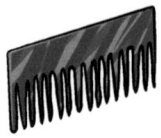

la peigne

pengn

la brosse

bros

le sèche-cheveux

seswar

la laque pour cheveux

lak

le fond de teint

makiyaz

le rouge à lèvres

dirouz

le vernis à ongles

verni

l'ouate

cotton wool

le coupe-ongles

tay-zong

le parfum

parfin

la trousse de toilette

trous twalet

le tabouret

stoul

le pèse-personne

balans

le peignoir

penwar

les gants de nettoyage

legan netwayaz

le tampon

tanpon

es serviettes hygiéniques

serviet izienik

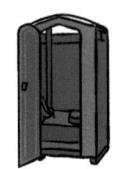

la toilette chimique

twalet simik

la chambre d'enfant

lasam zanfan

le réveil
revey
le doudou
doudou
la voiture jouet
ti loto
le hochet
ose
la maison de poupée
lakaz zouzou
le cadeau
kado

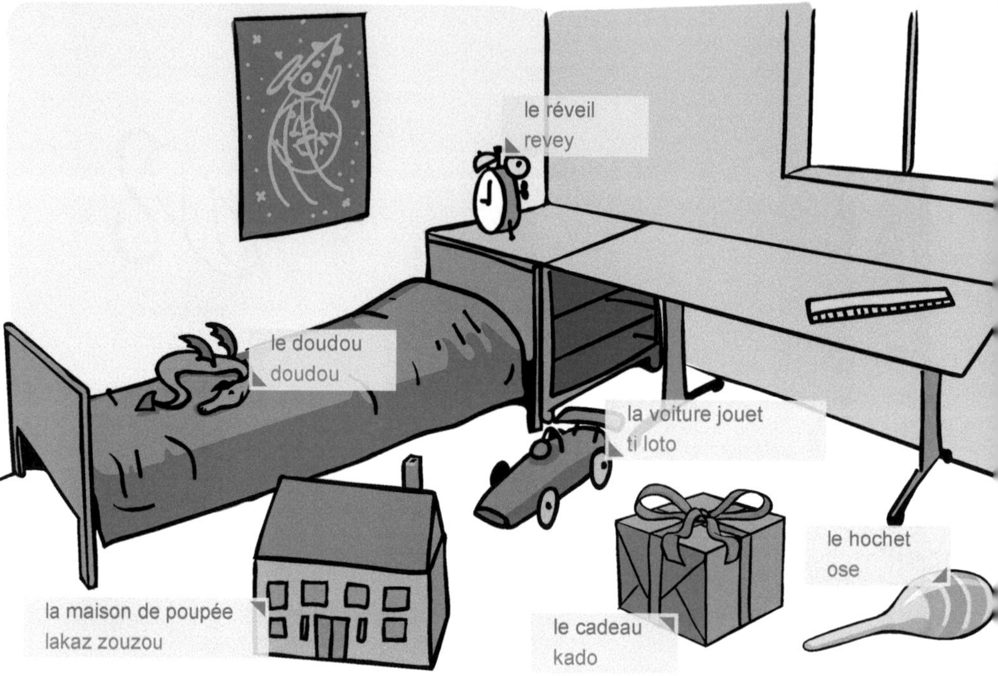

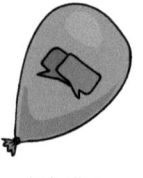

le ballon

balon

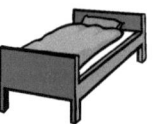

le lit

lili

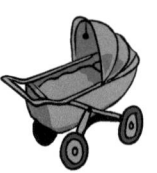

la poussette

pouset

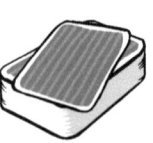

le jeu de cartes

kart

le puzzle

puzzle

SUPER
MEGA

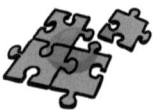

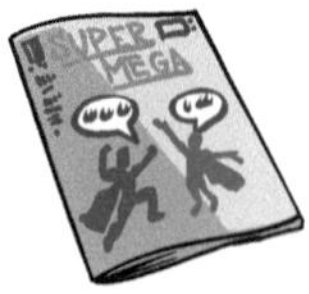

la bande dessinée

tikomik

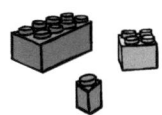

les pièces lego

lego

les blocs de construction

lego

la figurine

figirinn

la grenouillère

grenouyer

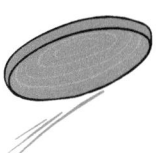

le frisbee

frisbee

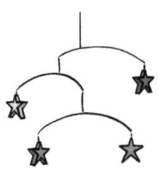

le mobile

mobil

le jeu de société

zwe

le dé

lede

le train miniature

trin zouzou

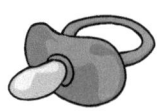

la sucette

siset

la fête

fet

le livre d'images

liv ek zimaz

la balle

boul

la poupée

poupet

jouer

zwe

le bac à sable

bak-a-sab

la balançoire

balanswar

les jouets

zouzou

la console de jeu

game

le tricycle

trisik

l'ours en peluche

nounours

l'armoire

larmwar

les vêtements
linz

les chaussettes

soset

les bas

leba

le collant

kolan

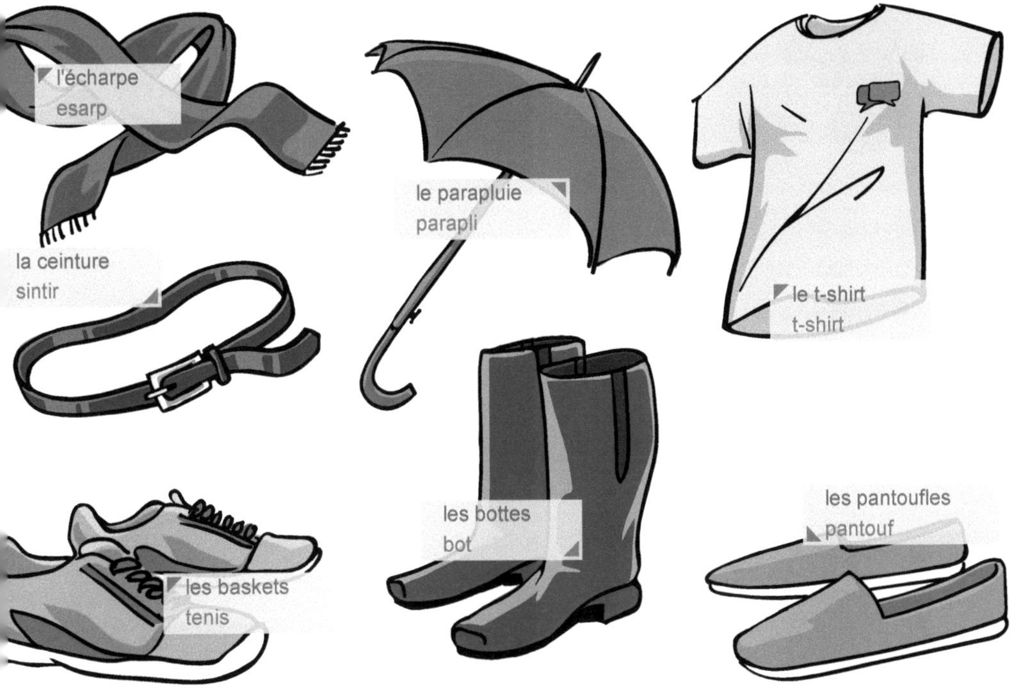

l'écharpe
esarp

le parapluie
parapli

le t-shirt
t-shirt

la ceinture
sintir

les bottes
bot

les pantoufles
pantouf

les baskets
tenis

les sandales
sandalet

les chaussures
soulie

les bottes de caoutchouc
bot an karotsou

les sous-vêtements
souvetman

le soutien-gorge
soutiengorz

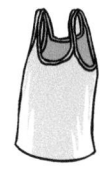

le maillot de corps
vest

le body

body

le pantalon

pantalon

le jean

jeans

la jupe

zip

le chemisier

blouz

la chemise

simiz

le pull

pull-over

le sweat à capuche

blouzon ek kapison

la veste

vest

la veste

jaket

le manteau

manto

l'imperméable

pardesi

le costume

kostim

la robe

rob

la robe de mariée

rob lamarye

le costume

kostim

la chemise de nuit

robdesam

le pyjama

pizama

le sari

sari

le foulard

foular

le turban

tirban

la burqa

bourka

le caftan

kaftan

l'abaya

abaya

le maillot de bain

mayo de bin

le maillot de bain

mayo de bin

le short

sorti de sekour

la tenue d'entraînement

linz spor

le tablier

tabliye

les gants

legan

le bouton

bouton

les lunettes

linet

le bracelet

brasle

le collier

kolie

la bague

bag

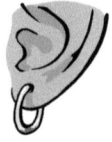

la boucle d'oreille

zanon

le bonnet

bone

le cintre

sint

le chapeau

sapo

la cravate

kravat

la fermeture éclair

fermetirekler

le casque

elmet

les bretelles

bretel

l'uniforme scolaire

iniform lekol

l'uniforme

iniform

le bavoir
....
bavwar

la sucette
....
siset

la lange
....
lanz

le bureau
biro

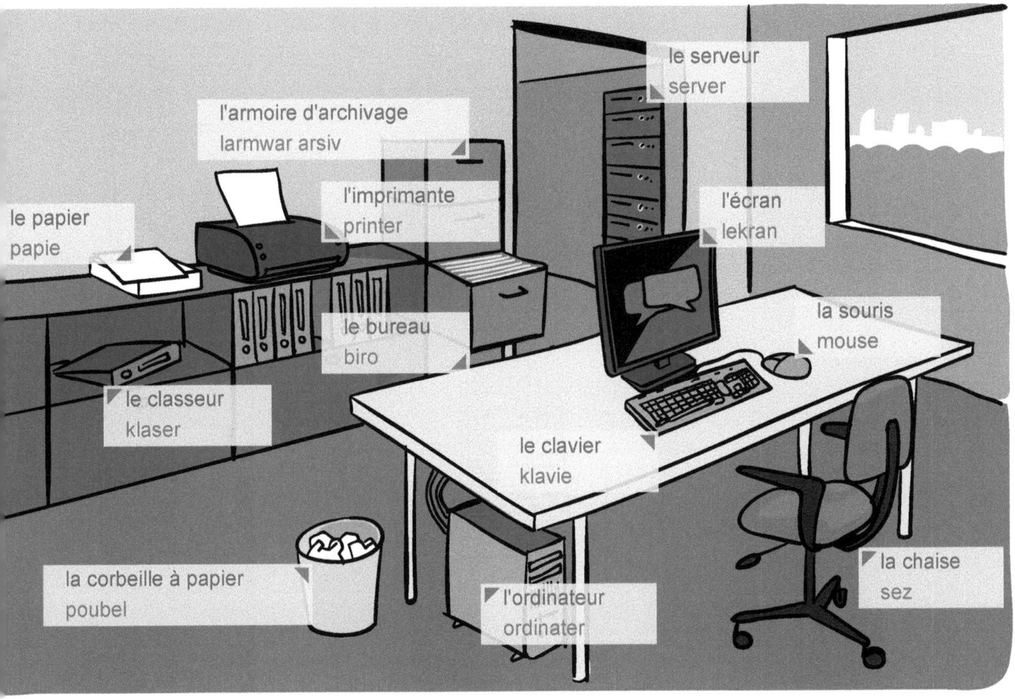

l'armoire d'archivage
larmwar arsiv

le serveur
server

l'imprimante
printer

l'écran
lekran

le papier
papie

la souris
mouse

le bureau
biro

le classeur
klaser

le clavier
klavie

la chaise
sez

la corbeille à papier
poubel

l'ordinateur
ordinater

la tasse de café
....
mug

la calculatrice
....
kalkilatris

l'internet
....
internet

l'ordinateur portable

laptop

la lettre

let

le message

mesaz

le portable

portab

le réseau

rezo

la photocopieuse

fotokopi

le logiciel

lozisiel

le téléphone

telefonn

la prise

priz

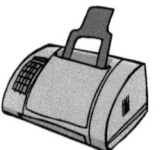

le fax

fax

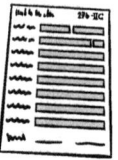

le formulaire

form

le document

dokiman

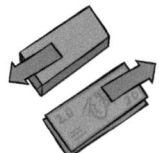

acheter

aste

payer

peye

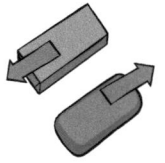

faire du commerce

fer biznes

la monnaie

larzan

le dollar

dolar

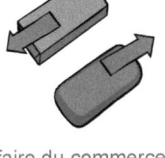

l'euro

euro

le yen

yen

le rouble

rouble

le franc suisse

fran swis

le renminbi yuan

renminbi yuan

la roupie

roupi

le distributeur automatique

distribiter biye

le bureau de change
biro sanz

l'or
lor

l'argent
larzan

le pétrole
petrol

l'énergie
lenerzi

le prix
pri

le contrat
kontra

la taxe
tax

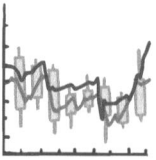

l'action
aksion

travailler
travay

l'employé
anplwaye

l'employeur
anplwayer

l'usine
lizinn

le magasin
magazin

les professions

travay

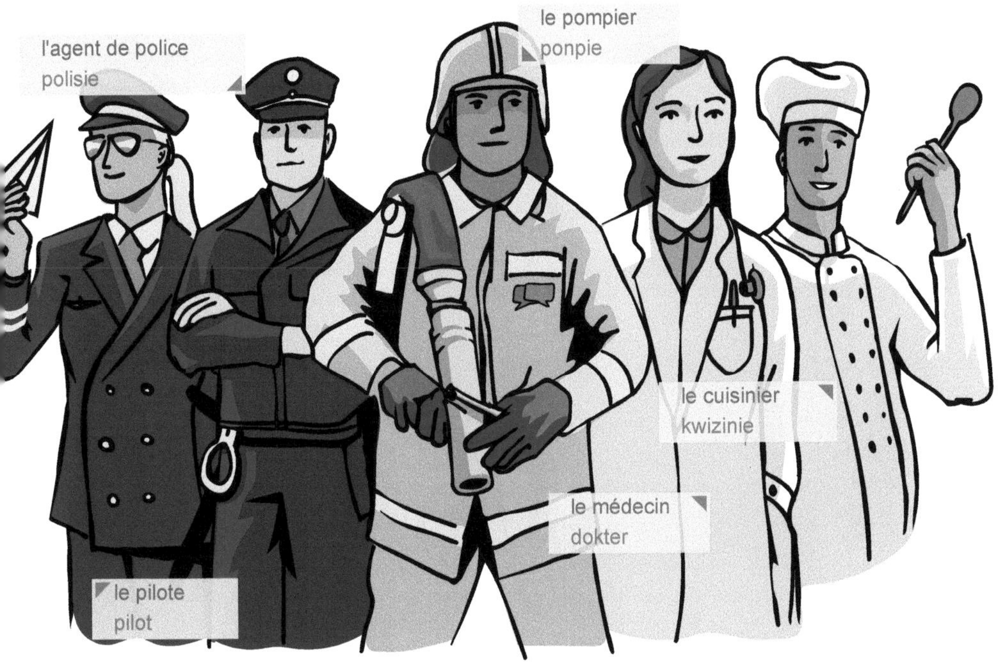

l'agent de police
polisie
le pompier
ponpie
le cuisinier
kwizinie
le médecin
dokter
le pilote
pilot

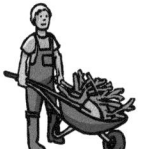

le jardinier

zardinie

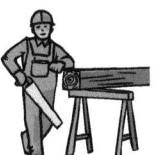

le menuisier

sarpantie

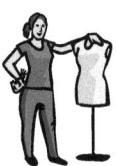

la couturière

koutirier

le juge

ziz

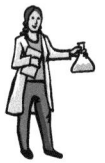

le chimiste

simis

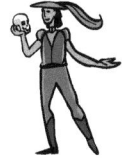

l'acteur

akter

le conducteur de bus

sofer bis

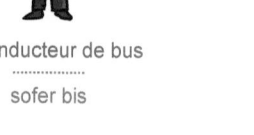

le chauffeur de taxi

sofer taxi

le pêcheur

peser

la femme de ménage

bonn

le couvreur

zouvriye twa lakaz

le serveur

server

le chasseur

saser

le peintre

pint

le boulanger

boulanze

l'électricien

elektrisien

l'ouvrier

zouvriye

l'ingénieur

inzenier

le boucher

bouse

le plombier

plonbie

le facteur

fakter

les professions - travay

le soldat

solda

l'architecte

arsitek

le caissier

kesie

le fleuriste

fleris

le coiffeur

kwafez

le contrôleur

chek

le mécanicien

mekanisien

le capitaine

kapitenn

le dentiste

dantis

le scientifique

siantis

le rabbin

rabi

l'imam

imam

le moine

mwann

le prêtre

pret

les outils

zouti

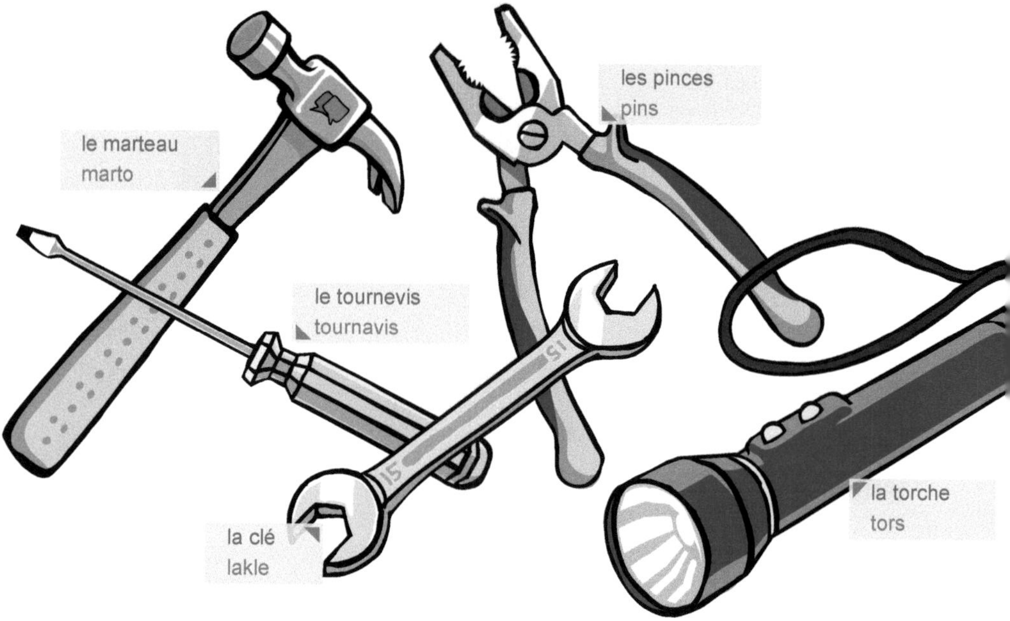
le marteau
marto
les pinces
pins
le tournevis
tournavis
la clé
lakle
la torche
tors

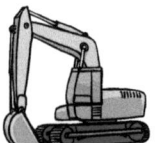

la pelleteuse

peltez

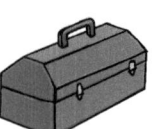

la boîte à outils

bwat zouti

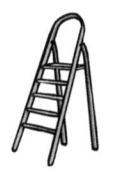

l'échelle

lesel

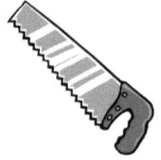

la scie

lasi

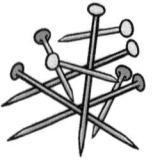

les clous

koulou

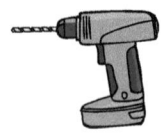

la perceuse

persez

réparer
aranze

la pelle
lapel

Mince !
Ayo!

la pelle
lapel

le pot de peinture
po lapintir

les vis
vis

les instruments de musique
instriman lamizik

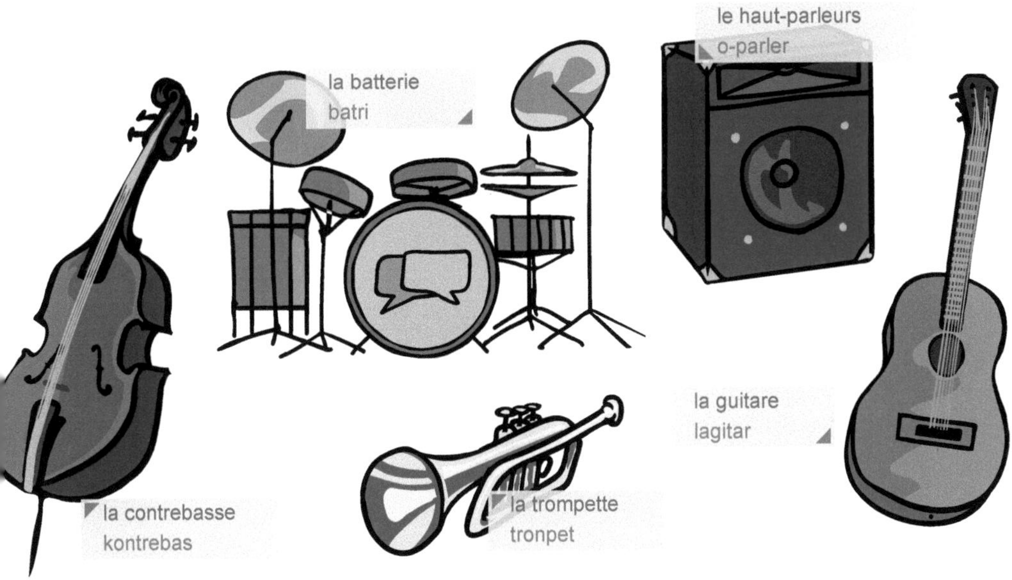

la batterie
batri

le haut-parleurs
o-parler

la guitare
lagitar

la contrebasse
kontrebas

la trompette
tronpet

le piano

piano

le violon

violon

la basse

bas

les timbales

tinbal

le tambour

tanbour

le piano électrique

klavie

le saxophone

saxofonn

la flûte

laflit

le microphone

mikro

le zoo

zoo

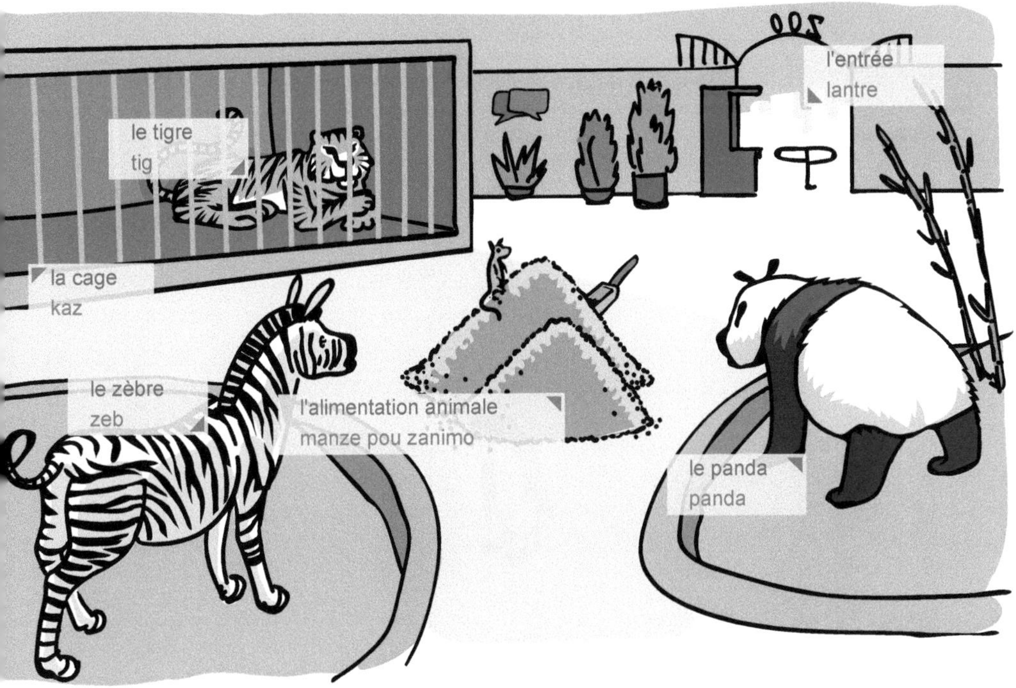
l'entrée
lantre
le tigre
tig
la cage
kaz
le zèbre
zeb
l'alimentation animale
manze pou zanimo
le panda
panda

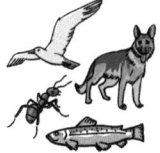

les animaux

zanimo

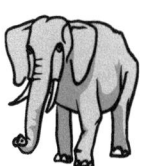

l'éléphant

lelefan

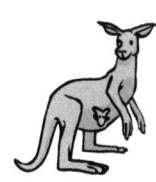

le kangourou

kangourou

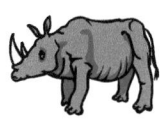

le rhinocéros

rinoceros

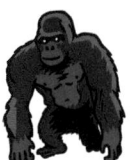

le gorille

gori

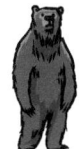

l'ours

lours

le chameau
samo

l'autruche
lotris

le lion
lion

le singe
zako

le flamand rose
flaman roz

le perroquet
peroke

l'ours polaire
lours poler

le pingouin
pingwi

le requin
rekin

le paon
pan

le serpent
serpan

le crocodile
krokodil

le gardien de zoo
gardien zoo

le phoque
fok

le jaguar
zagwar

le poney

poney

le léopard

leopar

l'hippopotame

ipopotam

la girafe

ziraf

l'aigle

leg

le sanglier

sangliye

le poisson

pwason

la tortue

torti

le morse

mors

le renard

renar

la gazelle

gazel

l'american Football
foutborl ameriken

le cyclisme
siklism

le tennis
tenis

le basket-ball
basketball

la natation
natasion

la boxe
labox

le hockey sur glace
oke lor gazon

le football

foutborl

le badminton

badminton

l'athlétisme

atletism

le handball

handball

le ski

ski

le polo

polo

les activités
aktivite

sauter
sote
embrasser
maye
rire
riye
marcher
marse
chanter
sante
rêver
reve
prier
priye
faire la bise
anbrase

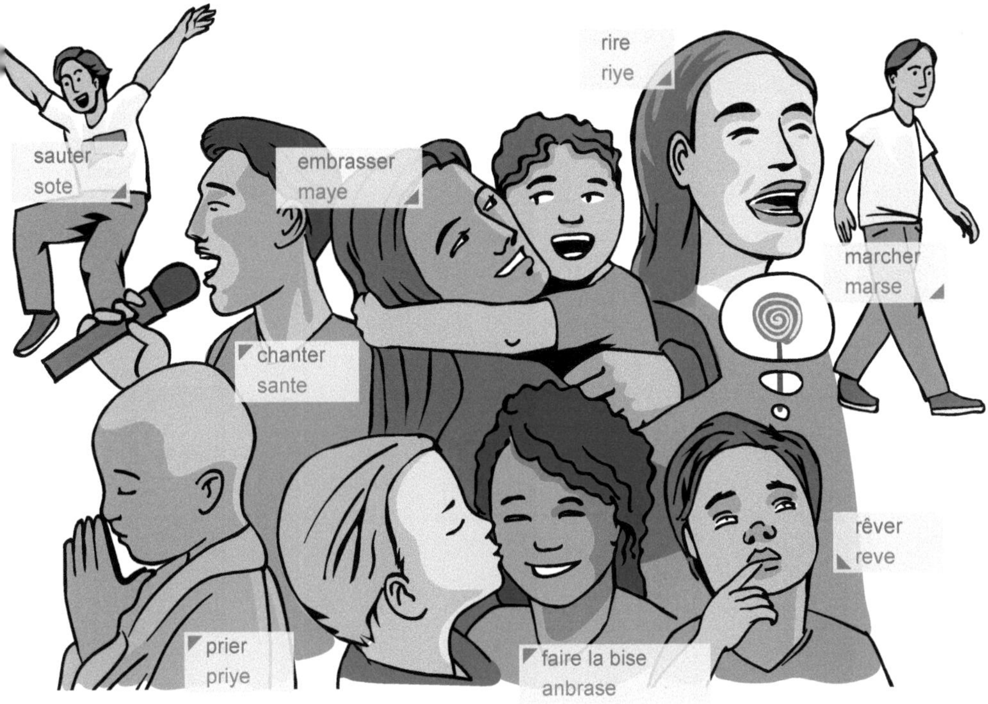

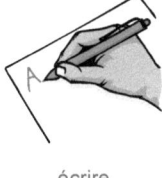

écrire
ekrir

dessiner
desine

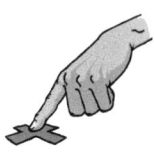

montrer
montre

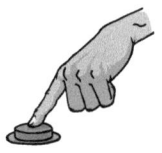

pousser
pouse

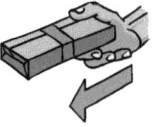

donner
done

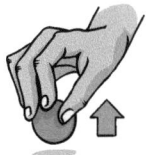

prendre
pran

avoir

ena

faire

fer

être

ete

être debout

diboute

courir

galoupe

trier

rise

jeter

zete

tomber

tonbe

être couché

alonze

attendre

atann

porter

amene

être assis

asize

s'habiller

abiye

dormir

dormi

se réveiller

leve

regarder

gete

pleurer

plore

caresser

karese

peigner

pengne

parler

koze

comprendre

konpran

demander

dimande

écouter

ekoute

boire

bwar

manger

manze

ranger

netwaye

aimer

kontan

cuire

kwi

conduire

kondir

voler

anvole

faire de la voile

fer lavwal

calculer

kalkile

lire

lir

apprendre

aprann

travailler

travay

se marier

marye

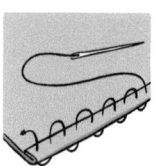

coudre

koud

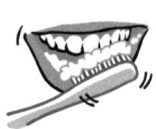

brosser les dents

bros ledan

tuer

touye

fumer

fime

envoyer

avoye

les activités - aktivite

la famille
fami

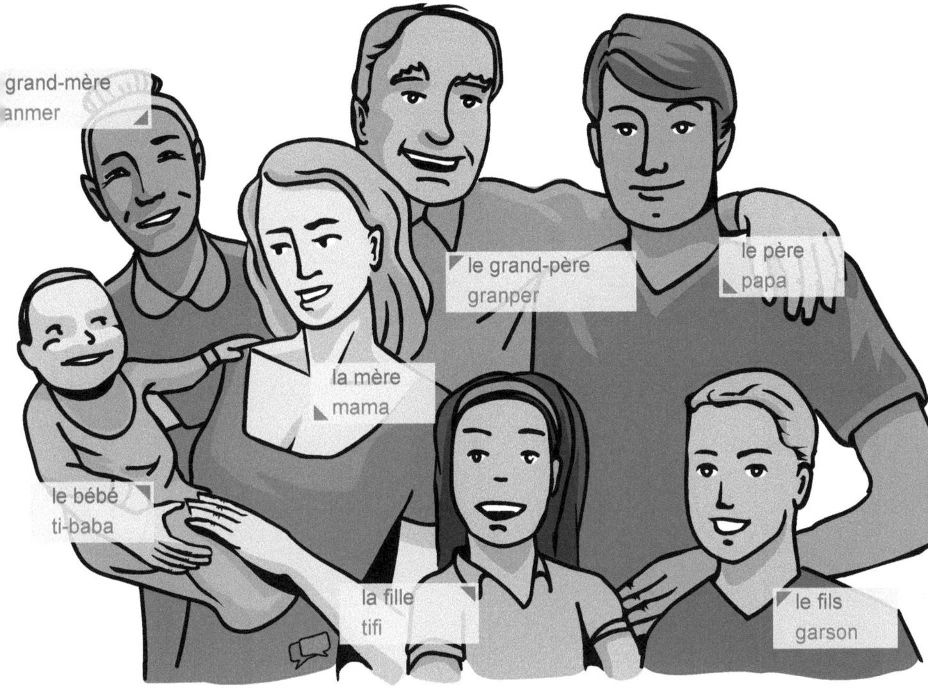
grand-mère
anmer
le grand-père
granper
le père
papa
la mère
mama
le bébé
ti-baba
la fille
tifi
le fils
garson

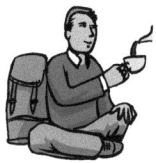

l'hôte

ot

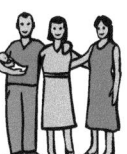

la tante

matant

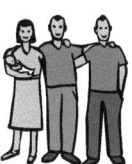

l'oncle

tonton

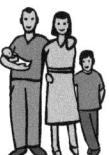

le frère

frer

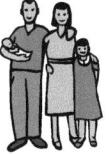

la sœur

ser

le corps

lekor

le front
fron
l'œil
lizie
l'épaule
zepol
le doigt
ledwa
le visage
figir
le menton
manton
la main
lame
la jambe
lazam
la poitrine
tete
le bras
lebra

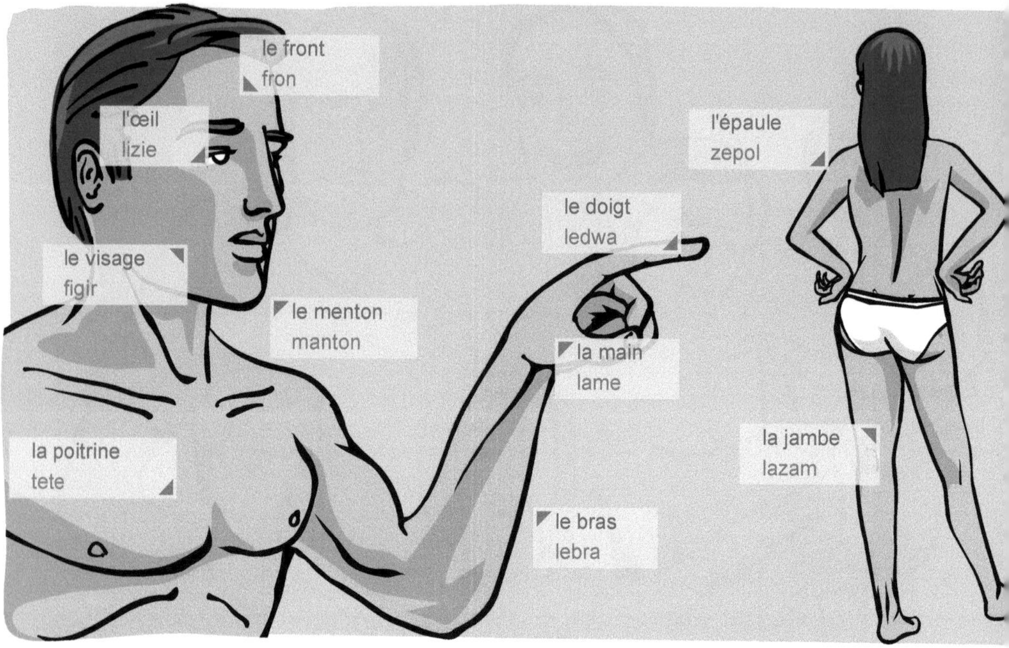

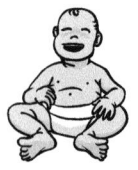

le bébé

ti-baba

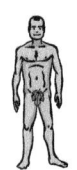

l'homme

zom

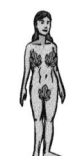

la femme

fam

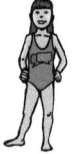

la fille

tifi

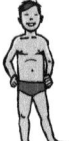

le garçon

ti-garson

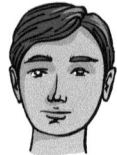

la tête

latet

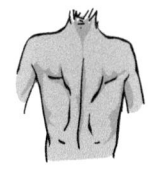

le dos

ledo

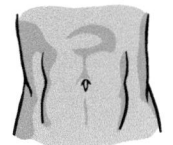

le ventre

vant

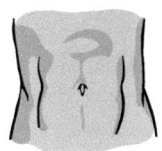

le nombril

lonbri

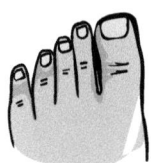

l'orteil

zortey

le talon

talon

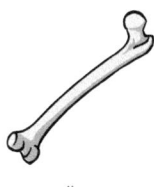

l'os

lezo

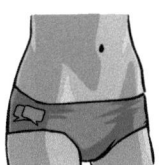

la hanche

laans

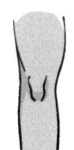

le genou

zenou

le coude

koud

le nez

nene

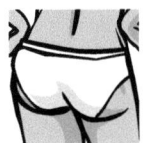

les fesses

fes

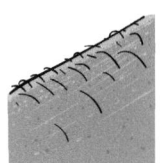

la peau

lapo

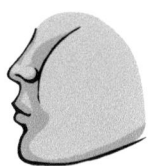

la joue

lazou

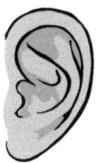

l'oreille

zorey

la lèvre

lalev

la bouche

labous

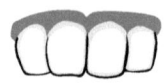

la dent

ledan

la langue

lalang

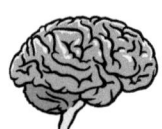

le cerveau

servo

le cœur

leker

le muscle

mix

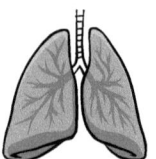

les poumons

poumon

le foie

lefwa

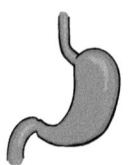

l'estomac

lestoma

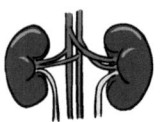

les reins

lerin

le rapport sexuel

sex

le préservatif

kapot

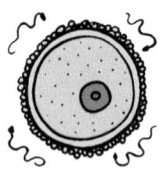

l'ovule

ovil

le sperme

sperm

la grossesse

groses

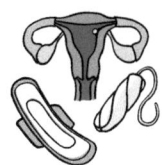

la menstruation

period

le vagin

vazin

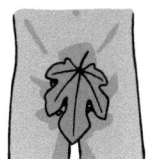

le pénis

penis

le sourcil

soursi

les cheveux

seve

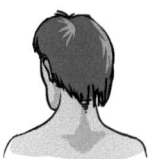

le cou

likou

l'hôpital

lopital

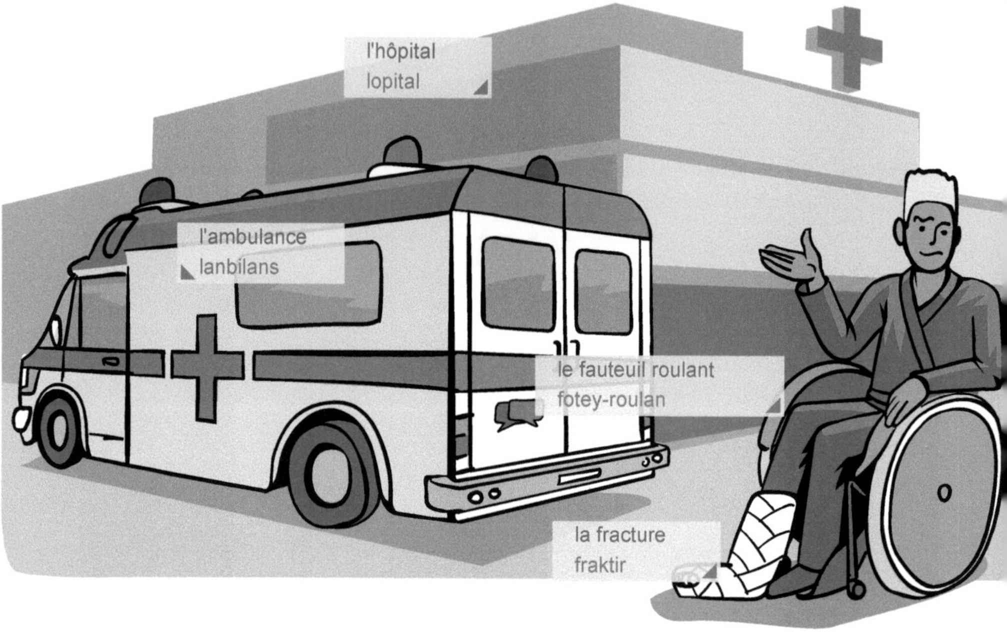

l'hôpital
lopital
l'ambulance
lanbilans
le fauteuil roulant
fotey-roulan
la fracture
fraktir

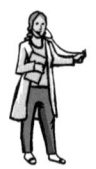

le médecin

dokter

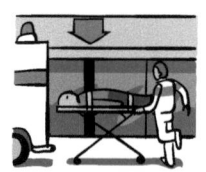

le service des urgences

servis irzans

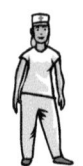

l'infirmière

ners

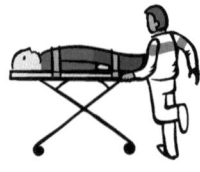

l'urgence

irzans

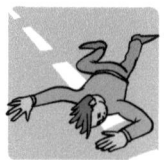

inconscient

inkonsian

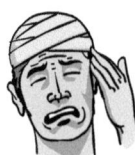

la douleur

douler

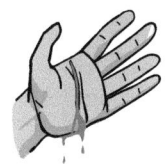

la blessure

blesir

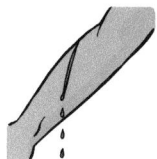

l'hémorragie

emorazi

la crise cardiaque

kriz kardiak

l'attaque cérébrale

atak serebral

l'allergie

alerzik

la toux

touse

la fièvre

lafiev

la grippe

lagrip

la diarrhée

diare

le mal de tête

malad latet

le cancer

kanser

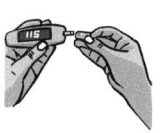

le diabète

diabet

le chirurgien

sirirzien

le scalpel

skalpel

l'opération

operasion

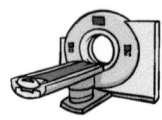

le CT

CT

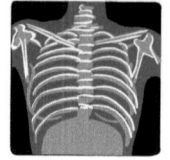

la radiographie

x-ray

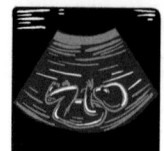

l'échographie

iltrason

le masque

mask

la maladie

maladi

la salle d'attente

sal-datant

la béquille

beki

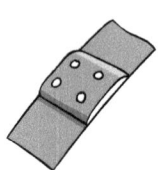

le pansement

pansman

le pansement

bandaz

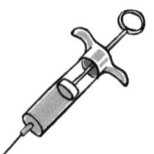

l'injection

inzeksion

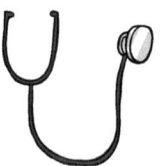

le stéthoscope

stetoskop

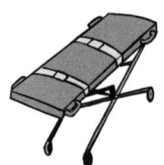

le brancard

brankar

le thermomètre

termomet

l'accouchement

nesans

la surcharge pondérale

sirpwa

l'appareil auditif

laparey oditif

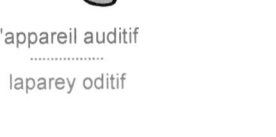

le désinfectant

dezinfektan

l'infection

infeksion

le virus

viris

le VIH / le sida

HIV / SIDA

le médicament

medsinn

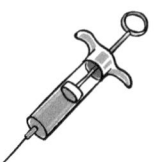

la vaccination

vaksinasion

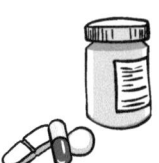

les comprimés

konprime

la pilule

pilil kontraseptif

l'appel d'urgence

korl irzans

le tensiomètre

laparey tansion

malade / sain

malad / bien

l'alarme
alarm

l'assaut
atak

Au secours !
o-sekour

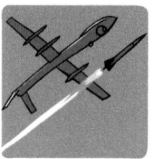

l'attaque
atak

le danger
danze

la sortie de secours
sorti de sekour

Au feu!
Dife!

l'extincteur
laponp dife

l'accident
aksidan

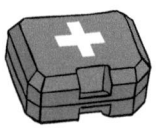

la trousse de premier
secours
kit first aid

SOS
SOS

la police
lapolis

l'Europe

Ierop

l'Amérique du Nord

Lamerik di nor

l'Amérique du Sud

Lamerik di sid

l'Afrique

Iafrik

l'Asie

Iazi

l'Australie

Iostrali

l'Océan atlantique

Iatlantik

l'Océan pacifique

pasifik

l'Océan indien

Iosean indien

l'Océan antarctique

Iosean antartik

l'Océan arctique

Iosean artik

le Pôle nord

Pol Nor

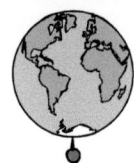

le Pôle sud

Pol Sid

l'Antarctique

lantartik

la terre

later

le pays

later

la mer

lamer

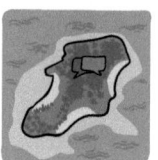

l'île

zil

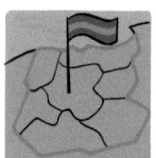

la nation

nasion

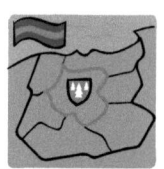

l'état

leta

le cadran
....
kadran

l'aiguille des heures
....
zegwi ler

l'aiguille des minutes
....
zegwi minit

l'aiguille des secondes
....
zegwi segonn

Quelle heure est-il ?
....
ki ler la ?

le jour
....
zour

le temps
....
letan

maintenant
....
aster-la

la montre digitale
....
mont dizital

la minute
....
minit

l'heure
....
ler

la semaine

lasemenn

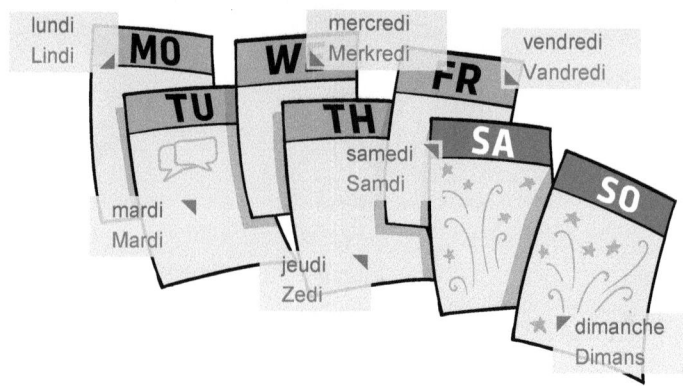

lundi
Lindi

mercredi
Merkredi

vendredi
Vandredi

mardi
Mardi

samedi
Samdi

jeudi
Zedi

dimanche
Dimans

hier
....
yer

aujourd'hui
....
zordi

demain
....
demin

le matin
....
gramatin

le midi
....
midi

le soir
....
aswar

les jours ouvrables
....
zour travay

le week-end
....
wikenn

l'année
lane

l'arc-en-ciel
larkansiel
la pluie
lapli
la neige
lanez
le vent
divan[
le printemps
printan
l'automne
otonn
l'été
lete
l'hiver
liver

4.APRIL 11°
5.APRIL 4°
6.APRIL 13°
7.APRIL 8°
8.APRIL 10°

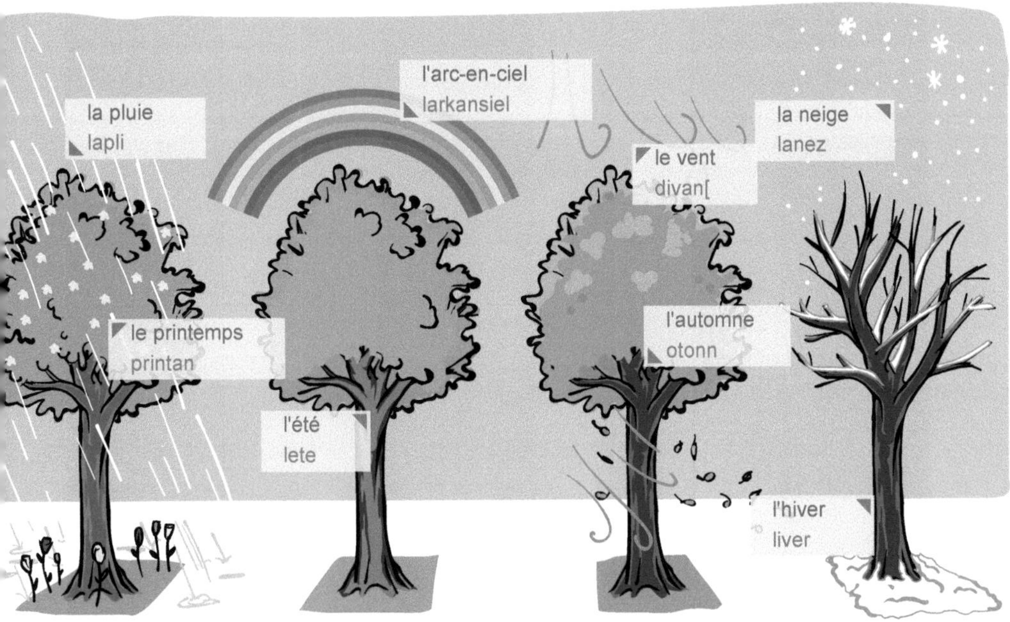

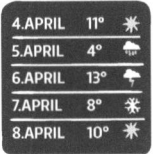

la météo

meteo

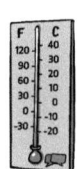

le thermomètre

termomet

la lumière du soleil

lalimier soley

le nuage

niaz

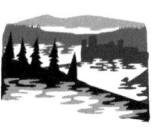

le brouillard

brouyar

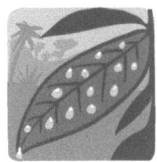

l'humidité

limidite

la foudre

lafoud

la tonnerre

toner

la tempête

tanpet

la grêle

lagrel

la mousson

mouson

l'inondation

inondasion

la glace

laglas

janvier

Zanvie

février

Fevriye

mars

Mars

avril

Avril

mai

Me

juin

Zien

juillet

Zilie

août

Out

septembre
....
Septam

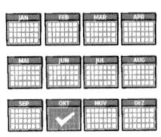

octobre
....
Oktob

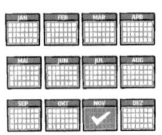

novembre
....
Novam

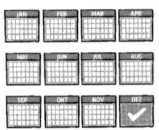

décembre
....
Desam

les formes

form

le cercle
....
ron

le carré
....
kare

le rectangle
....
rektang

le triangle
....
triang

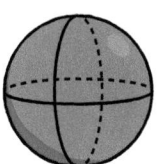

la sphère
....
sfer

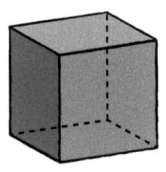

le cube
....
kib

blanc

blan

jaune

zonn

orange

oranz

rose

roz

rouge

rouz

violet

mov

bleu

ble

vert

ver

marron

maron

gris

gri

noir

nwar

beaucoup / peu

boukou / enn tigit

fâché / calme

ankoler / kalm

joli / laid

zoli / vilin

le début / la fin

koumansman / lafin

grand / petit

gro / tipti

clair / obscure

kler / obskirite

frère / soeur

frer / ser

propre / sale

prop / sal

complet / incomplet

konple / inkonple

le jour / la nuit

lizour / lanwit

mort / vivant

vivan / mor

large / étroit

larz / sere

comestible / incomestible

komestib / inkomestib

méchant / gentil

move / bon

excité / ennuyé

exsite / agase

gros / mince

gra / mins

le premier / le dernier

premie / dernie

l'ami / l'ennemi

kamwad / lennmi

plein / vide

ranpli / vid

dur / souple

dir / mou

lourd / léger

lour / leze

faim / soif

fin / swaf

malade / sain

malad / bien

illégal / légal

ilegal / legal

intelligent / stupide

intelizan / kouyon

gauche / droite

gos / drwat

proche / loin

pre / lwin

nouveau / usé

nouvo / ize

rien / quelque chose

nanye / kiksoz

vieux / jeune

vie / zenn

marche / arrêt

demare / arete

ouvert / fermé

ouver / ferme

faible / fort

trankil / for

riche / pauvre

ris / pov

correct / incorrect

bon / move

rugueux / lisse

brit / lis

triste / heureux

tris / zwaye

court / long

kourt / long

lent / rapide

lan / rapid

mouillé / sec

tranpe / sek

chaud / froid

so / fre

la guerre / la paix

lager / lape

0	**1**	**2**
zéro	un / une	deux
zero	enn	de

3	**4**	**5**
trois	quatre	cinq
trwa	kat	sink

6	**7**	**8**
six	sept	huit
sis	set	wit

9	**10**	**11**
neuf	dix	onze
nef	distribiter biye	onz

12

douze

douz

13

treize

trez

14

quatorze

katorz

15

quinze

kinz

16

seize

sez

17

dix-sept

diset

18

dix-huit

dizwit

19

dix-neuf

diznef

20

vingt

vin

100

cent

san

1.000

mille

mil

1.000.000

le million

milyon

les langues
bann langaz

l'anglais

Angle

l'anglais américain

Angle Lamerik

le chinois mandarin

Mandarin Sinwa

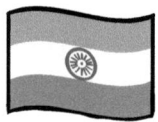

le hindi

Hindi

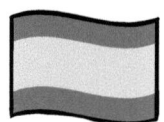

l'espagnol

espagnol

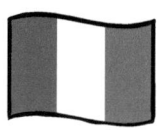

le français

Franse

l'arabe

Arab

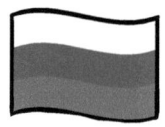

le russe

Ris

le portugais

Portige

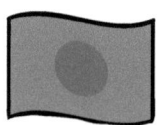

le bengali

Bengali

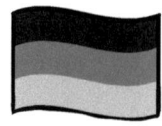

l'allemand

Alman

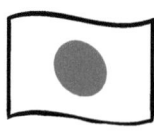

le japonais

Zapone

je
·········
mo

tu
·········
to

il / elle / ce, c', cela
·········
li

nous
·········
nou

vous
·········
ou

ils / elles
·········
zot

Qui ?
·········
kisana?

Quoi ?
·········
kiete?

Comment ?
·········
kouma?

Où ?
·········
kotsa?

Quand ?
·········
kan?

le nom
·········
nom

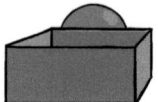

derrière

deryer

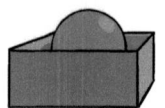

dans

dan

devant

devan

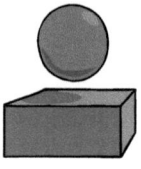

au-dessus

lor

sur

lor

en-dessous

anba

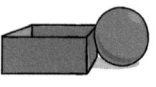

à côté de

akote

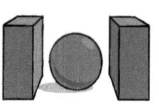

entre

ant

le lieu

plas